스스로 만드는 연표로 재밌게 익히는 한국사

연표로 잇는 초등 한국사

SD에듀
시대교육(주)

머리말

한국사를 처음 접하는 어린 학생들과 수업을 하면서 느꼈던 아쉬움이 있습니다. 우리의 역사에 대해 공부한다는 설렘보다 분량이 많은 암기 과목이라 생각해 두려움을 갖는 친구들이 대부분이었어요. 이는 아마도 어른들의 잘못된 선입견이 아이들에게 전달되었기 때문이라 생각합니다. 어떤 어른들은 역사는 간단히 암기하면 된다고 말해요. 요점 정리만 외우면 충분히 좋은 점수를 받을 수 있는데 그걸 못한다고 아이들을 다그치기도 하지요. 이것이 정말 올바른 방법일까요?

아이들이 한국사를 힘들어 하는 이유는 지루한 암기 과목으로 생각하기 때문입니다. 제대로 공부한 적도 없었고, 정확히 알려 주는 어른도 없었어요. 역사 공부는 단순히 과거에 일어난 사건들을 시간의 순서에 따라 나열하고 암기하는 것이 아닙니다. 그 시대를 살았던 사람들의 선택에 대해 고민하고 이해하는 과정이 핵심이지요.

물론 예전에는 사건의 순서와 연도를 기억하는 것이 공부라 생각했던 시절도 있었습니다. 하지만 이제는 세상이 변했는걸요. 정보화 시대를 살아가는 아이들에게 인터넷 검색은 커다란 어려움이 아닙니다. 누구나 다양한 정보를 손쉽게 얻을 수 있어요. 오늘날의 아이들에게 필요한 것은 정보를 얻는 것이 아니라 정보를 분석하고 활용하는 능력입니다.

역사에 대한 접근도 마찬가지입니다. 이제는 '왜?'라는 생각을 떠올릴 수 있어야 제대로 한국사를 공부하는 학생이 됩니다. '몇 년도에 무슨 일이 있었다.'라는 사실보다 당시 사람들이 왜 그러한 선택을 했는지에 대해 생각하는 것이 중요하지요. 과거 조상님들의 판단에 대해 그 배경과 결과까지 전체적인 흐름을 잡을 수 있어야 합니다.

이 책은 아이들에게 한국사를 잘하려면 요점 정리를 보며 암기하라 강요하지 않습니다. 직접 연표를 만들어 보며 어느 시기에 어떤 사건이 일어났는지 스스로 이해하고 학습하도록 도와줍니다. 이 책을 통해 역사 공부에 흥미를 느끼고 성취감까지 느낄 수 있는 시간이 되길 바랍니다. 우린 책을 통해 분명 많은 것을 배울 수 있을 거예요.

선생님은 여러분과 우리 역사에 대해 수다를 떨고 싶습니다.

저자 **김경섭**

〈연표로 잇는 초등 한국사〉
소개와 준비 방법

어떤 책인가요?

약 70만 년 동안 이어졌고, 지금 이 순간에도 흐르고 있는 한국사의 시간. 우리는 이렇게 많은 양을 어떻게 공부해야 할까요?

☑ **Point 1 역사의 기본은 흐름!**

역사는 일반적인 암기 과목과 달리
시대의 흐름에 따라 학습해야 합니다.

일반적인 학습법

각 시대별로 중요한 사건들을
나열해 암기합니다.

**하지만, 단순히 사건을 나열해 암기하는 것만으로는
왜 이러한 사건이 일어났는지 이해하기 어렵습니다.**

☑ **Point 2 각 시대를 이끈 인물!**

역사의 흐름을 파악하기 위해서는
각 시대의 주요 인물을 알아야 합니다.

일반적인 학습법

각 시대의 주요 인물들이
남긴 업적을 암기합니다.

**하지만, 어떤 인물을 중심으로 학습해야 효과적으로
역사의 흐름을 파악할 수 있을지 판단하기 어렵습니다.**

한국사를 처음 접하는 어린 학생들이 이 두 가지를 파악해서 학습할 수 있을까요?
〈연표로 잇는 초등 한국사〉는 바로 이 고민에서 출발했습니다.

어린 학생들이 한국사를 처음 접할 때
직접 연표를 만들며 흥미를 느끼고, 완성된 연표를 보며 성취감을 느낄 수 있도록

스스로 '연표'를 만듭니다.

준비해 볼까요?

본격적으로 연표를 만들기 전에 준비물을 확인해 봅시다. 꼼꼼히 체크해 빠짐없이 챙겨 주세요.

1 〈연표로 잇는 초등 한국사〉 도서를 준비해 주세요.

스스로 연표를 만들며 재밌게 한국사를 공부할 수 있는 〈연표로 잇는 초등 한국사〉 도서를 준비합니다.

2 연표와 요소를 오리기 위한 가위와 풀을 준비해 주세요.

▶ 가위: 연표와 연표 요소를 오리기 위해 필요합니다. 날카로운 날에 다칠 수 있으니 조심해야 해요!

▶ 풀: 각 요소를 제자리에 붙이고, 시대별 연표를 연결하기 위해 필요합니다.

3 저자 선생님의 연표 만들기 강의를 시청하기 위해 준비해 주세요.

저자 선생님의 무료 강의가 준비되어 있습니다. 선생님의 강의를 들으며 함께 연표를 만들어 봅시다.

★ 수강 경로 ★

유튜브 접속 ➡ 'SD에듀' 채널 접속 ➡ 구독 클릭 ➡ '연표로 잇는 초등 한국사' 검색 ➡ 무료 강의 시청

QR 코드를 찍어 보세요. 저자 선생님의 강의를 무료로 시청할 수 있습니다.

4 완성한 연표를 붙일 곳을 미리 골라 두세요.

내가 좋아하는 곳에 완성한 연표를 붙일 거예요. 어디에 붙이면 좋을지 미리 골라 봅시다.

이 책의 구성과 특징

만들어 볼까요?

귀여운 그림으로 구성된 만들기편 연표를 확인하고, 오리기편에서 알맞은 요소를 찾아 오려 빈 공간에 붙여 보세요.

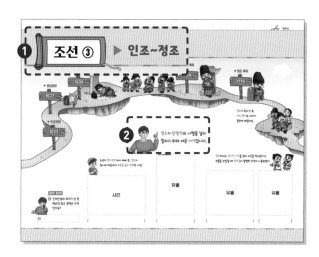

❶ 만들기편 연표를 시대별로 구분했어요. 어떤 시대의 연표를 만들고 있는지 확인할 수 있어요.

❷ 알맞은 요소를 찾기 어렵나요? 힌트를 보고 어떤 요소가 들어가야 할지 찾아보세요.

❸ 연표에 붙일 요소는 시대별 · 주제별로 모아 오리기편에 준비했어요. 알맞은 요소를 찾아 만들기편 연표에 붙여 보세요.

※ 연표 만들기 예시

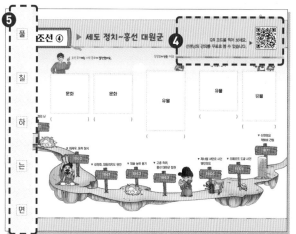

❹ QR 코드를 찍으면 저자 선생님의 연표 만들기 강의를 무료로 볼 수 있어요. 선생님과 함께 연표를 만들어 보세요.

❺ 완성한 연표를 풀로 붙여 연결하면 시대별 연표를 완성할 수 있어요.

활용해 볼까요?

열심히 연표를 만들었나요? 만든 연표를 이어 붙여 보세요. 모든 연표를 한곳에 붙여도 좋고, 시대별로 미리 정해 둔 공간에 각각 붙여도 좋아요.

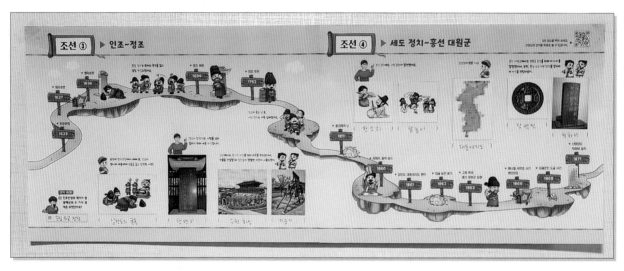

▶ 내 방의 좋아하는 공간이나 냉장고 등에 붙여 두고 어디서든지 공부해요.

정리해 볼까요?

마지막으로 핵심만 모은 배우기편 연표를 통해 한국사 개념을 완벽히 내 것으로 만들어 봅시다.

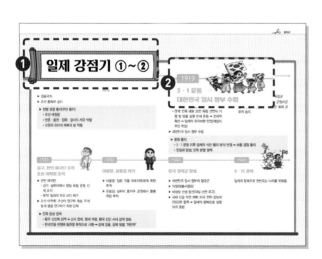

❶ 시대별 핵심 개념만 모은 배우기편 연표로 한국사 개념을 완벽히 정리해 보세요.

❷ 주요 사건과 인물은 그림으로 표현했어요. 어떤 사건과 인물이 있었는지 확인해 보세요.

연표로 잇는
초동 한국사

이 책의 차례

만들기편

연표로 잇는 초등 한국사

선사

▶ 구석기~여러 나라의 형성

약70만 년 전 ▶ 구석기 시대

약1만 년 전 ▶ 신석기 시대

BC 2000년경 ▶ 청동기 시대

BC 2333 ▶ 고조선 건국

BC 108 ▶ 고조선 멸망

고조선이 멸망한 후
여러 작은 나라가 형성되었어요.

BC 500년경에는 철기가 시작했어요.

철을 사용할 때 사용한
도구예요.

고조선의 문화를
엿볼 수 있는 유물 세 가지!

( ) 유물

( ) 인물

( ) 유물

( ) 유물

( ) 유물

( ) 유물

( ) 유물

( ) 유물

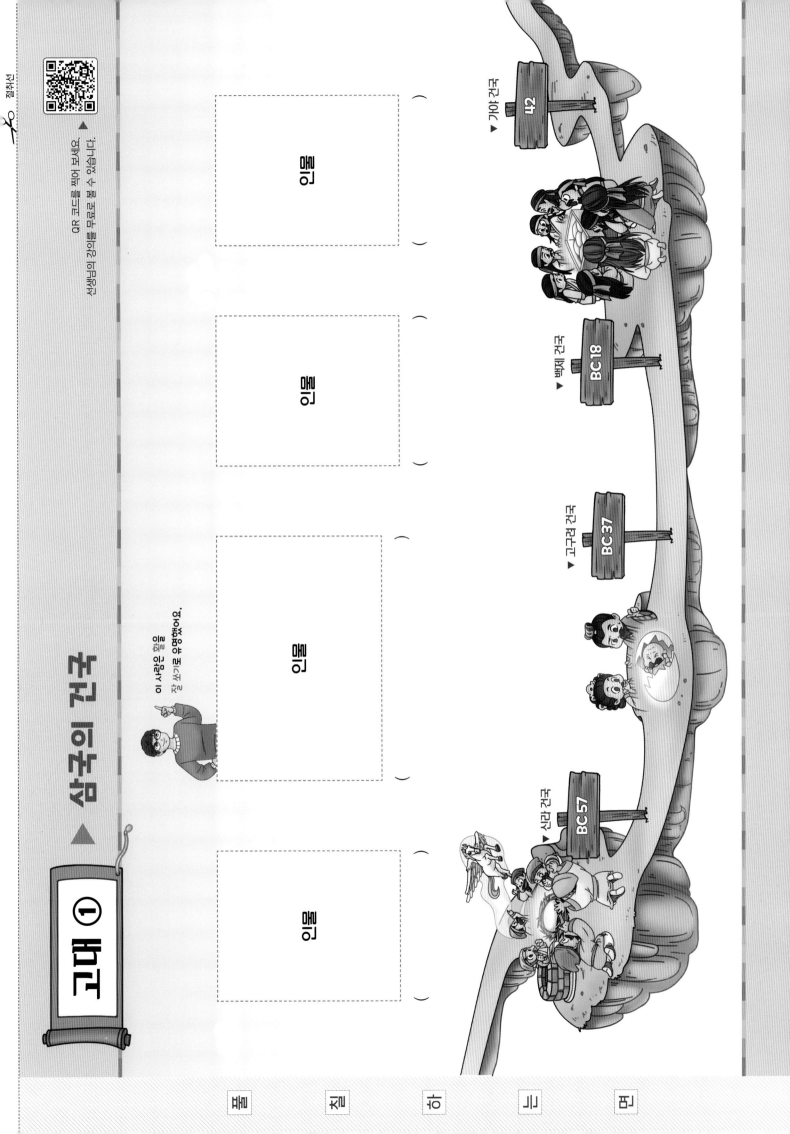

고대 ①

▲ 삼국의 건국 ▲

QR 코드를 찍어 보세요.
선생님의 영상을 무료로 볼 수 있습니다.

이 나라의 건국을
잘 살펴보고 외웠어요.

인물

인물

인물

인물

▲ 가야 건국
4C

▲ 백제 건국
BC18

▲ 고구려 건국
BC37

▲ 신라 건국
BC57

불 · 철 · 하 · 구 · 변

고대 ②

▶ 삼국의 발전

▶ 백제 근초고왕,
고구려 평양성 공격

371

▶ 고구려 광개토 대왕,
신라를 도와 왜나라 격퇴

400

광개토 대왕의 영향으로
근잔가야가 쇠퇴했어요.

▶ 고구려 장수왕,
평양 천도

427

▶ 신라 진흥왕,
한강 유역 차지

553

▶ 고구려, 살수대첩

612

▶ 고구려, 안시성 전투

645

고구려와 신라의 관계를
알려 주는 유물!

장수왕이 광개토 대왕과 자신의 업적을
기념하기 위해 세운 비석입니다.

진흥왕이 인재를 키우기 위해
국가 조직으로 만들었구나.

인물

유물

유물

유물

제도

고려 ①

▲ 후삼국 시대와 고려의 통일

900 ▶ 견훤, 후백제 건국

견훤은 아기 때 호랑이가 젖을 먹었다고 해요.

901 ▶ 궁예, 후고구려 건국

궁예가 태어났을 때 지붕 위에 무지개가 있었다고 해요.

918 ▶ 왕건, 고려 건국

926 ▶ 발해 멸망

발해는 거란의 침입으로 멸망해요.

935 ▶ 신라, 고려에 항복

936 ▶ 고려, 후삼국 통일

왕건은 29명의 부인을 두었어요.

후삼국 통일 과정을 지도로 살펴볼까요?

지도 ( )

용왕의 아들이라 후손들은 대대로 겨드랑이에 비늘이 있다는 전설이 있대요.

인물 ( ) ( )

인물 ( ) ( )

퀴즈
① 911년, 궁예가 후고구려에서 바꾼 나라의 이름이 무엇인가요?

Ⓐ

인물 ( ) ( )

후백제를 건국한 인물

절취선

고려 ②

▲ 고려의 발전과 멸망

QR 코드를 찍어 보세요.
선생님의 강의를 무료로 볼 수 있습니다.

▶ 광종 즉위 — 946

▶ 거란 1차 침입 — 993

▶ 윤관, 여진 정벌 — 1107

▶ 무신정변 — 1170

▶ 몽골 1·2차 침입 — 1231~1232

▶ 팔만대장경 완성 — 1251

▶ 개경 환도 — 1270

▶ 공민왕 즉위 — 1351

광종이 호족의 힘을 약화시키고 국가 재정을 확보하기 위해
시행한 제도!

제도 ( )

윤관은 여진을 상대하기 위해 이 군대를 만들었어요.

제도 ( )

몽골에 맞서 싸우기 위해 이곳으로 수도를 옮겼다네.
그리고 부처의 힘을 빌리려고 이것도 만들었지.

유물 ( ) 유물 ( )

퀵즈 퀴즈!
예 거란과의 외교 담판으로 강동 6주를 얻은 사람은 누구인가요?

A ⬜

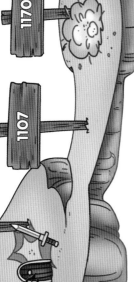

조선 ①

▶ 조선의 건국~세종

▶ 위화도 회군
1388

▶ 고려 멸망
1392

▶ 조선 건국
1392

▶ 한양 천도
1394

조선은 성리학을 중심으로 인, 의, 예, 지, 신, 충, 효를 배우고 실천하기 위해 노력했어요.

▶ 태종 즉위
1400

▶ 세종 즉위
1418

▶ 훈민정음 반포
1446

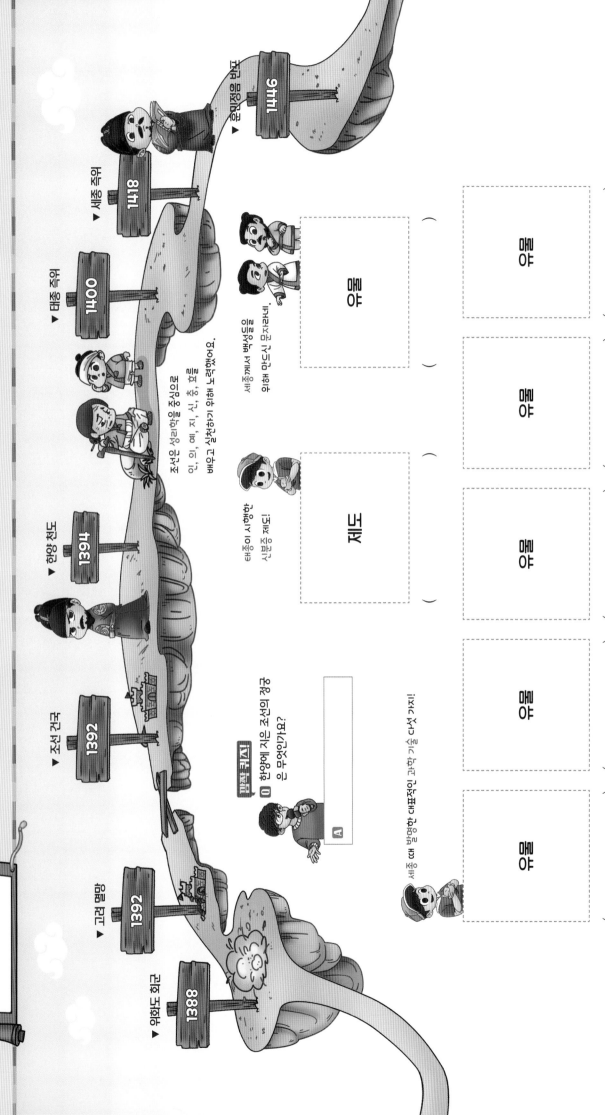

태종이 시행한 신분증 제도!

제도

세종께서 백성들을 위해 만드신 문자라네.

유물

오늘의 퀴즈!
① 한양에 지은 조선의 정궁은 무엇인가요?

Ⓐ [   ]

세종 때 발명한 대표적인 과학 기술 다섯 가지!

| 유물 | 유물 | 유물 | 유물 | 유물 |

조선 ②

▶ 세조~광해군

QR 코드를 찍어 보세요.
선생님의 강의를 무료로 볼 수 있습니다.

절취선

수양 대군이 조카 단종을 몰아내기
위해 난을 일으켰어요.

사건

성종이 완성한
조선의 기본 법전!

유물

임진왜란의 3대 대첩으로 불리는
전쟁이군나.

사건

사건

사건

빈칸 채우기

① 단종 복위를 주장하다가 죽
게 된 여섯 명의 신하를
부르는 말은 무엇인가요?

A

도요토미 히데요시의 침략으로
임진왜란이 일어났어요.

▶ 제유정난
1453

▶ 세조 즉위
1455

▶ 성종, 경국대전 완성
1485

▶ 임진왜란
1592~1598

▶ 광해군 즉위
1608

물

질

하

나

편

조선 ③

▲ 인조~정조

▶ 인조반정
1623

▶ 정묘호란
1627

▶ 병자호란
1636

▶ 영조 즉위
1724

▶ 정조 즉위
1776

붕당 정치는 본래의 목적을 잃고 점점 변질되었어요.

정조가 죽고 난 후, 세도 정치로 나라가 혼란에 빠졌어요.

정조께서는 정치적 이상을 담아 이곳을 만드셨대. 건물을 지으실 때 정약용이 발명한 이것이 사용되었지. 이것은...

영조가 탕평책의 시행을 널리 알리기 위해 세운 비석입니다.

조선이 병자호란에서 패배한 후, 인조가 청나라 태조에게 무릎을 꿇고 항복한 사건.

( ) 인물

( ) 인물

( ) 인물

( ) 사건

역사 퀴즈

1 인조반정의 계기가 된 광해군의 외교 정책은 무엇인가요?

A [   ]

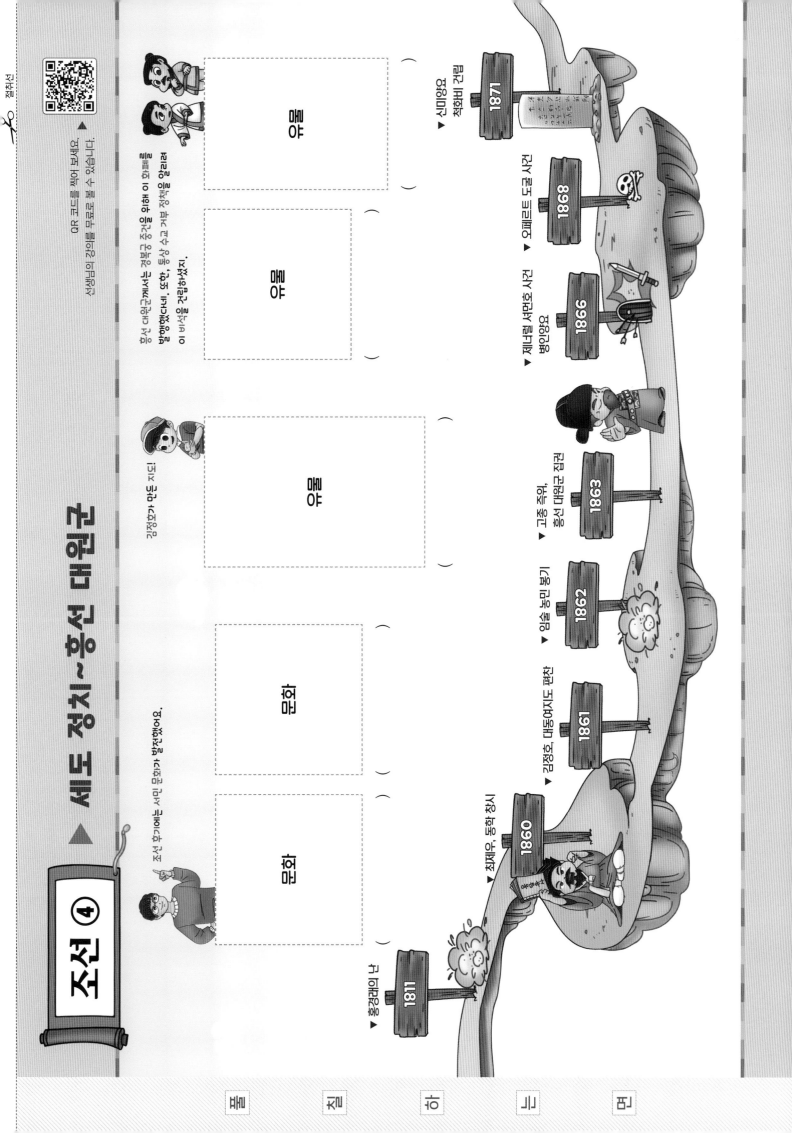

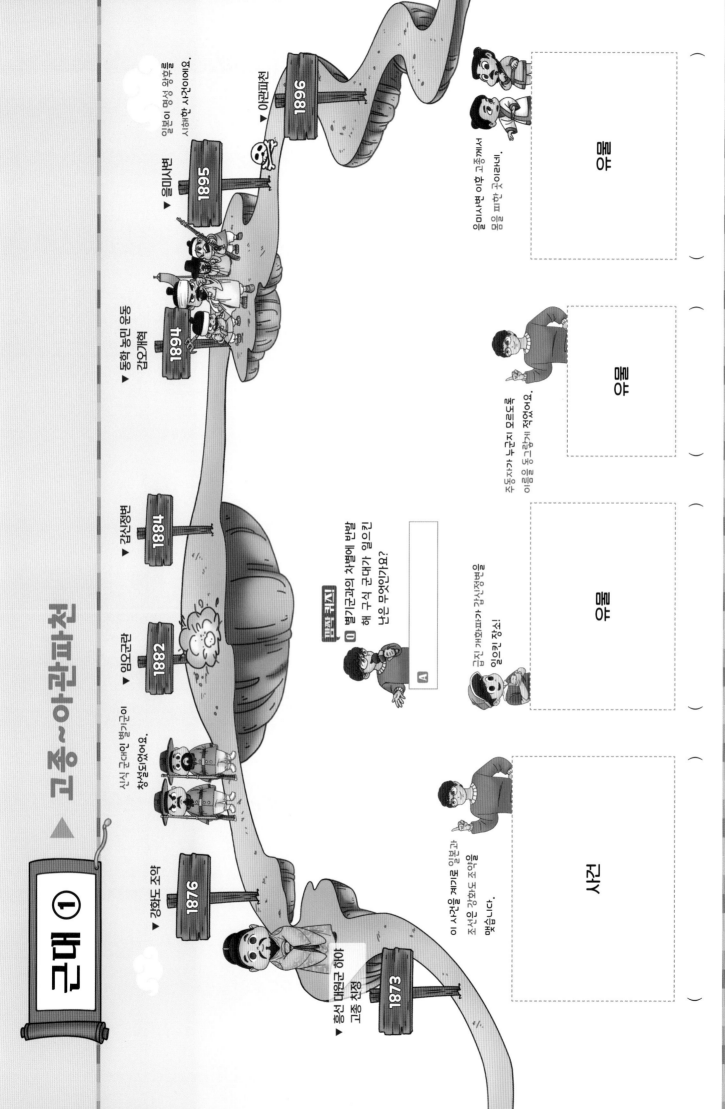

근대 ②

▶ 대한 제국

유물	유물	유물	인물	사건
( )	( )	( )	( )	( )

독립협회의 대표적인 활동 두 가지!

독립협회가 주최한 만민공동회 안에서 백정 출신 박성춘이 연설을 하기도 했어요.

을사늑약에 저항한 장지연은 이 글을 발표하고, 고종은 이들을 헤이그에 파견했어요.

안중근 의사께서 하얼빈에서 이토 히로부미를 저격했다니.

▶ 독립협회 설립
1896

▶ 대한 제국 수립
1897

을사늑약
1905

깜짝 퀴즈!
① 고종 대신 을사늑약에 서명한 다섯 명을 부르는 말은 무엇인가요?
A

다섯 명이 힘을 모아 나라의 외교권을 일본에 넘기는 을사늑약 체결에 앞장서는 국제적 망신을 하고 있어요.

▶ 헤이그 특사 파견
고종 강제 퇴위
1907

▶ 안중근, 이토 히로부미 저격
1909

일제 강점기 ①

▶ 1910~1920년대

국권 피탈 ▶

1910

1912
▶ 조선 태형령 제정

1910년대에 시행된 일제의 대표적인 식민 정책 세 가지!

▶ 3 · 1 운동
대한민국 임시 정부 수립

1919

일제는 겉으로는 우리를 위해주는 척 하면서 뒤로는 우리 민족을 분열시키려 했어요.

▶ 봉오동 전투
청산리 대첩

1920

독립군이 일제를 상대로 최대 규모의 승리를 거둔 전투입니다.

이분들은 대한민국 임시 정부에서 독립운동을 이끌었어요.

역사 퀴즈

Q 3 · 1 운동 이후 체계적인 독립 운동을 위해 수립된 정부는 무엇인가요?

A

제도

제도

제도

인물

사건

사건

일제 강점기 ②

▶ 1930~1940년대

한인 애국단에서 활동한 대표적 인물 두 명!

대한민국 임시 정부는 이 부대를 창설하고, 미국 OSS와 국내 진공 작전을 계획을 계획했어요.

인물

인물

인물

제도

인물

인물

▶ 김구, 한인 애국단 조직

1931

▶ 이봉창, 윤봉길 의거

1932

#1 상하이에서 물통 폭탄을 던진 사람은 누구인가요?

A

▶ 한국 광복군 창설

1940

이제는 우리들 힘으로 일본인들 쫓아내 한국 시민 서서를 안습하게 됐어요.

▶ 8 · 15 광복

1945

일제의 항복 선언으로 우리는 광복을 맞이했어요!

현대 ①

▶ 대한민국 정부 수립~5·18 민주화 운동

▶ 5·10 총선거
대한민국 정부 수립
1948

▶ 6·25 전쟁
1950

북한의 기습 남침으로
6·25 전쟁이 일어났어요.

▶ 정전 협정
1953

▶ 4·19 혁명
1960

▶ 5·16 군사 정변
박정희 집권
1961

▶ 7·4 남북 공동 성명
유신 헌법 제정
1972

▶ 5·18 민주화 운동
1980

사건

우리나라에서 실시한
최초의 민주 선거예요.

사건

6·25 전쟁 때 맥아더 장군이 지휘한
이 작전의 성공으로 국군은 서울을 수복했어요.

사건

대표적인 민주화 운동 두 가지!

사건

역사 퀴즈!
① 박정희 대통령이 제정한
헌법이름은 무엇인가요?

A [   ]

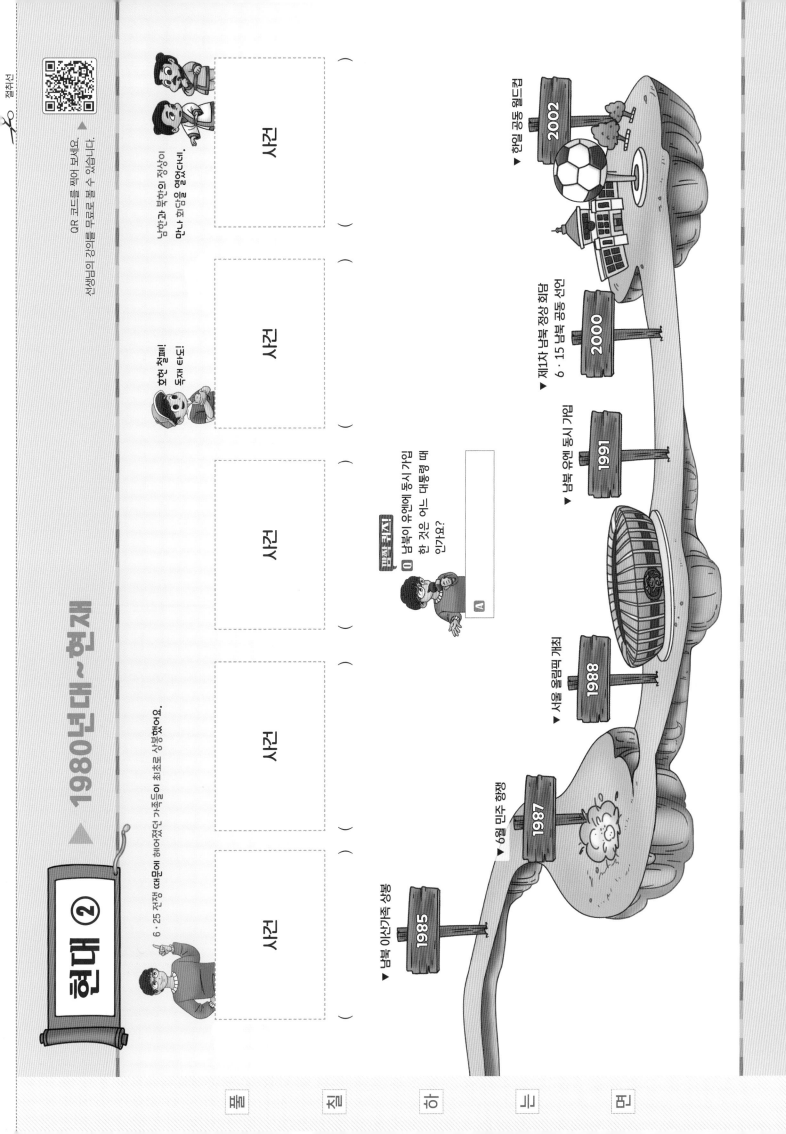

QR 코드를 찍어 보세요.
▲ 선생님의 음성으로 들을 수 있습니다.

현대 ②
▲ 1980년대~현재

6·25 전쟁 때문에 헤어졌던 가족들이 최초로 상봉했어요.

( ) 사건 ( ) 사건 ( ) 사건 ( ) 사건 ( ) 사건

남한과 북한의 정상이 만나 회담을 열었다네.

오연 천패! 독재 반대!

반짝 퀴즈!
① 남북이 유엔에 동시 가입한 것은 어느 대통령 때인가요?
A [   ]

▲ 남북 이산가족 상봉
1985

▲ 6월 민주 항쟁
1987

▲ 서울 올림픽 개최
1988

▲ 남북 유엔 동시 가입
1991

▲ 제1차 남북 정상 회담
6·15 남북 공동 선언
2000

▲ 한일 공동 월드컵
2002

오려가기 펜

연표로 잇는 초등 한국사

선사~고대 ①

01 인물

단군왕검

박혁거세

주몽

김수로

온조

선사~고대 ①

ⓞ2 유물

주먹도끼

갈판과 갈돌

빗살무늬 토기

반달 돌칼

비파형 동검

탁자형 고인돌

미송리식 토기

절취선

01 인물·제도·사건

근초고왕

화랑도

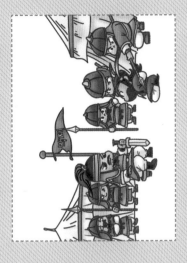

황산벌 전투

고대 ②~③

02 유물

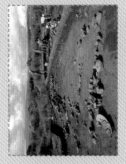

충주(중원) 고구려비

온돌 유적

광개토 대왕릉비

경주 감은사지

호우명 그릇

문무대왕릉

고려 ①~②

01 인물 · 유물

왕건

팔만대장경

궁예

강화산성

견훤

고려 ①~②

02 제도·지도

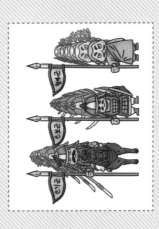

별무반

노비안검법

후삼국 통일 과정

고려 건국 초의 영토
태조 북진의 후의 영토

조선 ①~②

① 유물

앙부일구

『칠정산』

혼천의

측우기

『경국대전』

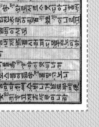

훈민정음

자격루

조선 ①~②

02 사건 · 제도

행주 대첩

제요정난

진주 대첩

호패법

한산도 대첩

조선 ③~④

01 유물

거중기

척화비

수원 화성

당백전

탕평비

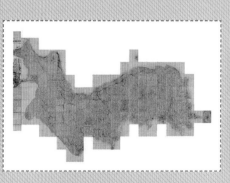

대동여지도

조선 ③~④

02 사건 · 문화

탈놀이

판소리

삼전도의 굴욕

근대 ① ~ ②

ⓞⓘ 인물 · 사건

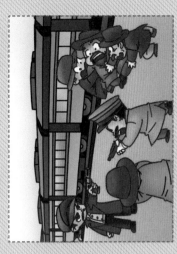

안중근, 이토 히로부미 저격

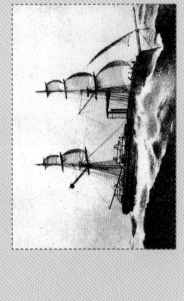

운요호 사건

헤이그 특사

절취선

02 유물

러시아 공사관

대한매일신보

시일야방성대곡

독립문

우정총국

독립신문

일제 강점기 ①~②

① 인물

민족 대표 33인

윤봉길

한국 광복군과 OSS

한국 광복군

이봉창

절차선

일제 강점기 ①~②

02 제도 · 사건

태형

강요된 교사들

청산리 전투

일제에게 검열된 신문

헌병 경찰제

신사 참배

현대 ①~②

01 사건 1

인천 상륙 작전

제1차 남북 정상 회담

5·10 총선거

제24회 서울 올림픽

현대 ①~②

02 사건 2

6월 민주 항쟁

5·18 민주화 운동

4·19 혁명

남북 이산가족 상봉

KBS 이산가족 찾기 생방송

받아쓰기

연표로 잇는 초등 한국사

선사~고대 ①

약 70만 년 전 | 약 1만 년 전 | BC 2000년경 | BC 2333 | BC 500년경 | BC 108

구석기 시대

▲ 도구: 뗀석기(주먹도끼, 슴베찌르개)
▲ 경제: 사냥, 채집, 낚시
▲ 생활: 동굴, 바위그늘, 막집
  ↓
  이동 생활

신석기 시대

▲ 도구: 간석기(갈판과 갈돌), 빗살무늬 토기
▲ 경제: 농경, 목축 시작
  ↓
  신석기 혁명
▲ 생활: 강가, 해안가, 움집
  ↓
  정착 생활
▲ 뼈바늘, 가락바퀴 → 옷 제작

청동기 시대

▲ 도구: 청동기(비파형 동검, 청동 거울), 반달 돌칼
  청동 방울
▲ 경제: 벼농사 시작 → 고인돌
▲ 사회: 계급 발생 → 고인돌

고조선 건국

▲ 단군왕검 이야기
  · 선민사상
  · 농경 사회
  · 토테미즘
  · 제정 일치
  · 홍익인간
  · 8조법
▲ 대표적 유물
  · 비파형 동검
  · 미송리식 토기
  · 탁자모양 고인돌

철기 시대

▲ 철 → 무기, 장신구 등
▲ 경제: 벼농사 확대
  ↓
  농업 생산량 증가
▲ 사회: 정복 전쟁 활발

고조선 멸망

▲ 한나라 무제의 공격
  ↓
  수도 왕검성 함락
▲ 여러 나라의 형성
· 부여: 5부족 연맹체, 사출도, 순장, 영고
· 고구려: 5부족 연맹체, 서옥제, 제가 회의, 동맹
· 옥저와 동예: 읍군 · 삼로, 옥저(민며느리제), 동예(책화, 족외혼, 무천)
· 삼한(마한, 변한, 진한): 제정 분리(신지 · 읍차, 천군, 전군, 벼농사, 수릿날(5월) · 계절제(10월), 철 동부(변한)

BC 57 | BC 37 | BC 18 | 42

신라 건국

▲ 박혁거세
▲ 국호: 사로 → 신라(지증왕)

고구려 건국

▲ 주몽(활을 잘 쏘는 사람)
▲ 도읍: 졸본

백제 건국

▲ 비류와 온조가 남쪽으로 내려와 국가를 세움
▲ 온조 → 백제 건국

가야 건국

▲ 김수로(금관가야)
▲ 구지가
▲ 6가야 연맹

고대 ②~③

371 백제 근초고왕, 고구려 평양성 공격
- ▲ 마한 전 지역 확보
- ▲ 고구려 평양성 공격 → 고구려 평양 전사
- ▲ 해외 진출 → 중국의 요서 지방과 산둥반도, 일본의 규슈 지방
- ▲ 칠지도

400 고구려 광개토 대왕, 신라를 도와 왜나라 격퇴
- ▲ 만주와 요동 지역 확보, 한강 상류 진출
- ▲ 신라에 침입한 왜구 격퇴 → 신라와 백제의 대립 구도 유지, 일 가야의 세력 변화(금관가야 → 대가야)

427 고구려 장수왕, 평양 천도
- ▲ 평양 천도: 남하 정책 추진 → 한강 유역 완전 정복
- ▲ 광개토 대왕릉비, 충주 (중원) 고구려비 건립

553 신라 진흥왕, 한강 유역 차지
- ▲ 화랑도(국가 조직으로 개편)
- ▲ 한강 유역 차지
- ▲ 대가야 정복
- ▲ 진흥왕 순수비(북한산비, 창녕비, 황초령비, 마운령비), 단양 적성비 건립

612 고구려, 살수 대첩
- ▲ 수나라의 침입 → 수나라 양제의 113만 대군
- ▲ 을지문덕 장군

645 고구려, 안시성 전투
- ▲ 당나라의 침입 → 당나라 태종의 고구려 공격
- ▲ 양만춘 장군

삼국의 전성기: 한강 유역 점령 → 한반도의 중심부(한반도의 주도권 확보), 중국과 교류(선진 문물 수용), 비옥한 토지(경제력 향상)

648 나당 동맹
김춘추의 활약 → 나당 동맹 결성

660 백제 멸망
황산벌 전투: 백제 계백 VS 신라 김유신 → 신라 승리

668 고구려 멸망
연개소문 사후 지도층의 분열 → 평양성 함락

676 신라, 삼국 통일
- ▲ 당나라의 한반도 지배 욕심 → 웅진도독부(백제), 안동도호부(고구려), 계림도독부(신라) 설치
- ▲ 나당 전쟁: 매소성 전투(육군), 기벌포 전투(수군) → 신라 승리(문무왕)

681 신문왕 즉위
- ▲ 전제 왕권 확립
- ▲ 녹읍 폐지
- ▲ 만파식적
- ▲ 감은사

698 대조영, 발해 건국
- ▲ 대조영(고왕): 발해 건국 → 고구려 유민+말갈족
- ▲ 무왕: 당과 적대 관계, 산둥 반도 공격(장문휴)
- ▲ 문왕: 당과 친선 관계, 신라와 교류(신라도)
- ▲ 선왕: 발해 전성기, 해동성국

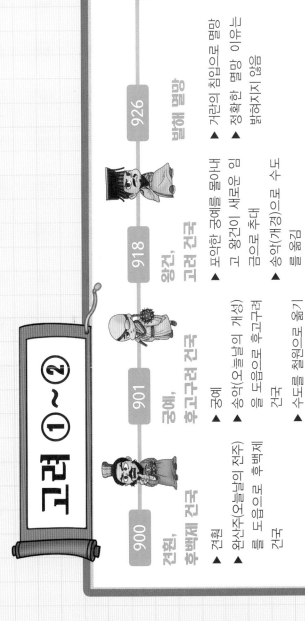

고려 ①~②

900 견훤, 후백제 건국
- ▲ 견훤
- ▲ 완산주(오늘날의 전주)를 도읍으로 후백제 건국

901 궁예, 후고구려 건국
- ▲ 궁예
- ▲ 송악(오늘날의 개성)을 도읍으로 후고구려 건국
- ▲ 수도를 철원으로 옮기고, 태봉으로 나라 이름 변경

918 왕건, 고려 건국
- ▲ 포악한 궁예를 몰아내고 왕건이 새로운 임금으로 추대
- ▲ 송악(개경)으로 수도를 옮김

926 발해 멸망
- ▲ 거란의 침입으로 멸망
- ▲ 정확한 멸망 이유는 밝혀지지 않음

935 신라, 고려에 항복
- ▲ 고창 전투에서 후백제에 승리한 고려가 주도권 차지
- ▲ 신라 경순왕, 고려에 항복

936 고려, 후삼국 통일
- ▲ 견훤 자식들의 권력 다툼 → 견훤이 왕건을 도와 후백제를 멸망시킴
- ▲ 왕건의 정책
  · 혼인 정책
  · 사성 정책
  · 서경 중시
  · 세금 감면

949 광종 즉위
- ▲ 왕권 강화 정책
  · 과거제
  · 노비안검법

993 거란 1차 침입
- ▲ 1차 침입: 서희의 외교 담판(강동 6주 획득)
- ▲ 2차 침입: 양규
- ▲ 3차 침입: 강감찬의 귀주 대첩

1107 윤관, 여진 정벌
- ▲ 윤관, 별무반 설치
- ▲ 여진 정벌 → 동북 9성 건립

1170 무신 정변
- ▲ 문신에 대한 차별 대우에 불만을 품은 무신들이 일으킨 난
- ▲ 무신들의 권력 독점 (최씨 정권 수립)

1231~1232 몽골 1·2차 침입
- ▲ 몽골 사신 저고여 피살
- ▲ 1차 침입: 귀주성, 박서 → 강화도 천도
- ▲ 2차 침입: 처인성, 김윤후
- ▲ 이후 40여 년간 끈질긴 항쟁

1251 팔만대장경 완성
- ▲ 부처님의 힘으로 몽골의 침략을 물리치려는 마음으로 제작
- ▲ 현재 합천 해인사에 보관
- ▲ 2007년 유네스코 세계 기록 유산으로 지정

1270 개경 환도
- ▲ 몽골과 강화 체결
- ▲ 개경으로 환도
- ▲ 삼별초의 항쟁: 강화도 → 진도 → 제주도
- ▲ 몽골풍 유행

1351 공민왕 즉위
- ▲ 개혁 정책
  · 정동행성 폐지
  · 관제 복구
  · 쌍성총관부 탈환
  · 권문세족 축출
  · 몽골풍 금지

조선 ①~②

1388 위화도 회군
▲ 명나라의 철령 이북 지역 요구 → 최영, 요동 정벌 주장
▲ 이성계, 4불가론
▲ 고려의 요동 정벌 결정 → 이성계의 위화도 회군

1392 고려 멸망 조선 건국
▲ 최영 제거
▲ 권문세족 축출
▲ 정몽주 제거(이방원)
▲ 이성계 + 정도전 → 조선 건국

1394 한양 천도
▲ 한양: 한반도의 중심부에 위치, 주변이 산이라 외적 방어에 유리, 한강
▲ 정궁: 경복궁
▲ 종묘와 사직단, 흥인지문, 돈의문, 숭례문, 숙정문, 보신각

1400 태종 즉위
▲ 두 차례의 왕자의 난 이후 즉위
▲ 왕권 강화 정책
 • 6도 직계제
 • 양전 사업
 • 호패법

1418 세종 즉위
▲ 훈민정음 창제 및 반포
▲ 과학 발전: 측우기, 훈천의, 칫정산, 앙부일구, 자격루
▲ 4군(최윤덕) 6진(김종서)
▲ 쓰시마섬 정벌(이종무)
▲ 집현전 설치
▲ 의정부 서사제

1446 훈민정음 반포

1453 계유정난
단종 1년, 김종서 등을 제거하고 수양 대군(세조)이 권력을 장악

1455 세조 즉위
▲ 왕권 강화 정책
 • 6조 직계제
 • 집현전 폐지
 • 『경국대전』 편찬 시작
▲ 단종 복위 운동: 사육신과 생육신

1485 성종, 경국대전 완성
▲ 『경국대전』 완성
▲ 홍문관 설치

1592~1598 임진왜란
▲ 임진왜란(1592) + 정유재란(1597)
▲ 3대 대첩
 • 한산도 대첩(이순신)
 • 진주 대첩(김시민)
 • 행주 대첩(권율)
▲ 전쟁 후 일본에 조선 통신사 파견

1608 광해군 즉위
▲ 명나라와 후금 사이에서 중립 외교 정책(강홍립)
▲ 폐모살제

조선 ③~④

1623 인조 반정

▲ 광해군을 몰아내고 인조 즉위
▲ 친명배금 정책

1627 정묘호란

▲ 후금 침략
▲ 조선과 후금 사이에 형제 관계 수립

1636~1637 병자호란

▲ 청나라 침략
▲ 인조, 남한산성 피란
▲ 삼전도의 굴욕: 군신 관계 수립
▲ 효종, 북벌 운동
→ 실행되지 못함

1724 영조 즉위

▲ 탕평책 실시: 탕평파, 탕평비
▲ 균역법
▲ 삼심제

1776 정조 즉위

▲ 탕평책 실시
▲ 규장각 설치
▲ 장용영 설치
▲ 수원 화성 건립
→ 거중기 사용(정약용)
▲ 서얼 등용

1811 홍경래의 난

▲ 세도 정치: 매관매직, 과거제의 부정, 삼정의 문란
▲ 세도 정치 기간 최초의 농민 봉기: 세도 정치에 대한 반발+서북인에 대한 차별 대우

1860 최제우, 동학 창시

▲ 인내천 사상
▲ 후천개벽 사상

1861 김정호, 대동여지도 편찬

▲ 목판으로 제작된 전국 지도
▲ 10리마다 눈금으로 표시
▲ 산맥, 하천, 도로망 등을 정확히 표시

1862 임술 농민 봉기

▲ 부당한 조세 제도에 대한 개선, 탐관오리 처벌 요구
▲ 농민 봉기 전국적 확산

1863 고종 즉위 흥선 대원군 집권

▲ 왕권 강화 정책
• 세도 가문 축출
• 양전 실시
• 호포제
• 사창제
• 서원 철폐
• 경복궁 중건(당백전)

1866 제너럴 셔먼호 사건 병인양요

▲ 제너럴 셔먼호 사건
• 미국 상선 제너럴 서먼호가 평양에 들어와 통상 요구, 관리 살해, 민가 약탈
• 평양 관민들이 배를 불태움
▲ 병인양요
• 병인박해를 구실로 프랑스가 강화도를 침략
• 양헌수(정족산성)
• 프랑스군, 외규장각 도서 약탈

1868 오페르트 도굴 사건

독일인 오페르트가 흥선 대원군의 아버지 남연군의 무덤을 도굴해 유해를 가지고 통상을 요구하려다 실패한 사건

1871 신미양요 척화비 건립

▲ 신미양요
• 제너럴 셔먼호 사건을 구실로 미국이 강화도 침략
▲ 어재연(광성보)
▲ 척화비 건립
• 흥선 대원군, 통상 수교 거부 정책
• "서양 오랑캐가 침범해 왔을 때 싸우지 않으면 화해하는 것이요, 화해하자는 것은 나라를 파는 것이다."

근대 ①~②

1873 · 흥선 대원군 하야 / 고종 친정

고종 10년, 고종의 친정 시작

1876 · 강화도 조약 체결

▲ 운요호 사건
▲ 강화도 조약 체결
 • 최초의 근대적 조약
 • 불평등 조약: 해안 측량 허용, 치외 법권
▲ 개화 정책 추진
 • 통리기무아문
 • 별기군
 • 수신사와 영선사 파견

1882 · 임오군란

▲ 별기군과의 차별 대우에 반대해 구식 군인들이 일으킨 난
▲ 청나라의 개입으로 실패

1884 · 갑신정변

▲ 우정국 개국 축하연 때 김옥균 등 급진 개화파가 일으킨 정변
▲ 개화당 정부 수립 및 14개조 정강 발표(적극적 근대화 추진)
▲ 청나라의 개입으로 실패(3일 천하)

1894 · 동학 농민 운동 / 갑오개혁

▲ 동학 농민 운동
 • 반봉건, 반외세 운동
 • 전개: 고부 농민 봉기 → 전주 성 점령 → 조선 정부 청나라에 원병 요청 → 전주 화약 → 집 강소 설치 → 청일 전쟁 및 일 본의 내정 간섭 → 2차 봉기 → 우금치 전투 패배
▲ 갑오개혁: 조선 정부의 근대적 개혁 → 신분제 폐지, 일본의 간섭

1895 · 을미사변

▲ 청일 전쟁(시모노세키 조약 체결, 랴오둥 반도 일본 차지)
▲ 삼국 간섭(러시아, 독일, 프랑스)으로 일본 랴오둥 반도 반환 → 조선 내 친러 세력 확장
▲ 을미사변: 일본의 명성 황후 시해 → 을미의병

1896 · 아관파천 / 독립협회 설립

▲ 아관파천
 • 고종, 신변에 위협 + 러시아, 조선 내 세력 확축에 불만 → 고종이 러시아 공사관으로 거처 옮김
 • 러시아의 내정 간섭 및 열강 국가들의 경제적 침탈
▲ 독립협회: 독립신문, 독립문, 만민 공동회, 고종의 환궁 요구

1897 · 대한 제국 수립

▲ 고종, 경운궁(덕수궁)으로 환궁
▲ 대한 제국 수립(환구단)
 • 광무(연호)
 • 광무개혁(구본신참): 학교와 회사 설립, 근대 문물 수용

1905 · 을사늑약

▲ 외교권 박탈, 통감부 설치
▲ 전개: 고종 서명 없음 → 을사 5적(이완용, 이지용, 이근택, 박제순, 권중현) 대신 서명 → 고종, 헤이그 특사 파견(이준, 이상설, 이위종) 고종 강제 퇴위
▲ 결과: 민영환(자결), 장지연(시일야방성대곡), 을사의병

1907 · 헤이그 특사 파견 / 고종 강제 퇴위

1909 · 안중근, 이토 히로부미 저격

▲ 안중근, 이토 히로부미 사살(하얼빈)
▲ 1910년 3월 26일 순국

일제 강점기 ①~②

1910 국권 피탈

국권 피탈

▲ 경술국치

▲ 조선 총독부 설치

▲ 헌병 경찰 통치(무단 통치)
- 조선 태형령
- 언론·출판·집회·결사의 자유 박탈
- 교원과 관리의 제복과 칼 착용

1912 조선 태형령 제정

1919 3·1 운동 / 대한민국 임시 정부 수립

▲ 3·1 운동
- 최대 규모의 민족 운동
- 민족 자결주의, 2·8 독립선언 영향
- 전개: 민족 대표 33인 독립 선언서 가행 및 탑골 공원 만세 운동 → 전국적 확산 → 일제의 무자비한 탄압(제암리 주민 학살)

▲ 대한민국 임시 정부 수립

1920 봉오동 전투 / 청산리 대첩

▲ 봉오동 전투: 홍범도의 대한 독립군

▲ 청산리 대첩: 김좌진의 북로 군정서군 등 독립군의 연합군 → 독립군 최대 규모의 승리

문화 통치
- 3·1 운동 이후 일제의 식민 통치 방식 변경 → 보통 경찰 통치
- 친일파 양성, 민족 분열 정책

1931 김구, 한인 애국단 조직 / 조선 어학회 조직

▲ 한인 애국단
- 김구, 상하이에서 항일 독립 운동 단체 조직
- 목적: 일제의 주요 요인 제거

▲ 조선 어학회: 조선어 연구회 계승, 우리말과 글을 연구하기 위한 단체

1932 이봉창, 윤봉길 의거

▲ 이봉창: 일본 국왕 히로히토에게 폭탄 투척
윤봉길: 상하이 훙커우 공원에서 폭탄 투척

▲ 민족 말살 정책
- 황국 신민화 정책 → 신사 참배, 창씨 개명, 황국 신민 서사 강제 암송
- 한국인을 전쟁에 동원할 목적으로 시행 → 강제 징용, 강제 징병, '위안부'

1940 한국 광복군 창설

▲ 대한민국 임시 정부의 정규군

▲ 지청천(총사령관)

▲ 태평양 전쟁 참전(대일 선전 포고)

▲ 국내 진공 작전 계획: 미국 전략 정보처 (OSS)와 협력 → 일제의 항복으로 실행 되지 못함

1945 8·15 광복

일제의 항복으로 한반도는 나라를 되찾음

현대 ①~②

1948 — 5·10 총선거 / 대한민국 정부 수립
▲ 대한민국 정부 수립
▲ 전개: 광복 → 모스크바 3국 외상 회의 → 신탁통치 반대 운동 → 미소 공동 위원회 → 국제 연합(UN) 남북 총선거 결정 → 북한의 반대 → 국제 연합(UN) 남한 단독 선거 결정 → 5·10 총선거 → 헌법 제정 및 공포(7.17.) → 대한민국 정부 수립(8.15.)

1950 — 6·25 전쟁
▲ 6·25 전쟁: 1950년 6월 25일 북한의 남침으로 시작
▲ 전개: 북한의 남침 → 국제 연합군 참전 → 인천 상륙 작전 → 서울 및 북한 지역 수복 → 중공군 개입 → 38도선 부근에서 전선의 고착화 → 정전 협정 체결

1953 — 정전 협정

1960 — 4·19 혁명
▲ 이승만 정권의 독재와 부정부패에 대한 반발
▲ 전개: 3·15 부정선거 → 김주열 학생의 죽음 → 전국적 시위 확대 → 이승만 대통령 하야
▲ 우리나라 최초의 민주화 운동

1961 — 5·16 군사 정변 / 박정희 집권
▲ 박정희, 5·16 군사 정변으로 권력 획득
▲ 박정희, 1963년 제5대 대통령 당선
▲ 박정희의 정책
· 한일 국교 정상화
· 경제 개발 5개년 계획
· 베트남 파병

1972 — 7·4 남북 공동 성명 / 유신 헌법 제정
▲ 7·4 남북 공동 성명
· 분단 이후 남북이 최초로 통일에 관련해 합의한 공동 성명
· 자주, 평화, 민족적 대단결 3대 원칙 발표
▲ 유신 헌법: 대통령 임기 6년, 통일 주체 국민 회의에서 대통령 선출(대통령 간선제)

1980 — 5·18 민주화 운동
▲ 박정희 사망(1979.10. 26.)으로 정치적 혼란
▲ 12·12 사태 발생: 전두환의 군사 반란
▲ 국민들의 민주화 요구 → 5·18 민주화 운동

1985 — 남북 이산가족 상봉
▲ 전두환 정부
▲ 서울과 평양에서 최초로 남북 이산가족 상봉

1987 — 6월 민주 항쟁
▲ 발단: 박종철 고문 치사 사건, 이한열 학생 사망
▲ 전개: 대통령 직선제 요구 시위 → 6·29 민주화 선언(대통령 직선제 수용)

1988 — 서울 올림픽 개최
▲ 제24회 서울 올림픽 대회 개최
▲ 동서 대립의 냉전 시기에 평화에 대한 전환점 역할

1991 — 남북 유엔 동시 가입
▲ 노태우 대통령
▲ 서로의 체제를 인정
▲ 남북 기본 합의서
· 남북 화해
· 남북 불가침
· 남북 교류 및 협력

2000 — 제1차 남북 정상 회담 / 6·15 남북 공동 선언
▲ 남북 최고 지도자들이 회담
▲ 제1차(2000.6.): 김대중 대통령과 김정일 위원장 → 6·15 남북 공동 선언(남북이 통일을 자주적으로 해결)
▲ 제2차(2007.10.): 노무현 대통령과 김정일 위원장
▲ 제3차(2018.4, 5, 9.): 문재인 대통령과 김정은 국무 위원장

2002 — 한일 공동 월드컵
▲ 한일 공동 월드컵 개최

SD에듀와 함께 꿈을 키워요!
www.sdedu.co.kr

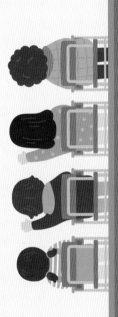

연표로 있는 초등 한국사

초 판 발 행	2023년 03월 03일 (인쇄 2023년 02월 09일)
발 행 인	박영일
책 임 편 집	이해욱
편 저	김경섭
편 집 진 행	이미림 · 이여진 · 피수민
표 지 디 자 인	박수영
편집디자인	홍영란 · 곽은슬
그 린 이	전성연
발 행 처	(주)시대교육
공 급 처	(주)시대고시기획
출 판 등 록	제10-1521호
주 소	서울시 마포구 큰우물로 75 [도화동 538 성지 B/D] 9F
전 화	1600-3600
팩 스	02-701-8823
홈 페 이 지	www.sdedu.co.kr
I S B N	979-11-383-4451-7 (64910)
	979-11-383-4449-4 (64910) (세트)
정 가	13,000원